成交秘籍

张晨◎编著

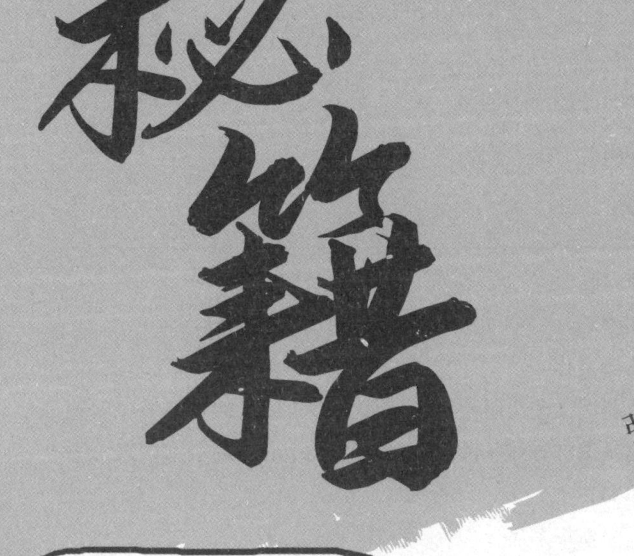

百花洲文艺出版社

图书在版编目（CIP）数据

成交秘籍 / 张晨编著. -- 南昌 : 百花洲文艺出版社, 2025. 8. -- ISBN 978-7-5500-6116-3

Ⅰ. F713.3

中国国家版本馆CIP数据核字第2025D6R981号

成交秘籍

CHENGJIAO MIJI

张 晨 编著

出 版 人 陈 波
责任编辑 胡艳辉
书籍设计 臻晨文化
出版发行 百花洲文艺出版社
社　　址 南昌市红谷滩区世贸路898号博能中心一期A座20楼
邮　　编 330038
经　　销 全国新华书店
印　　刷 山东博雅彩印有限公司
开　　本 710 mm × 1000 mm　1/16
印　　张 7
版　　次 2025年8月第1版
印　　次 2025年8月第1次印刷
字　　数 100千字
书　　号 ISBN 978-7-5500-6116-3
定　　价 49.80元

赣版权登字 05-2025-320

邮购联系　0791-86895108

网　　址　http://www.bhzwy.com

图书若有印装错误，影响阅读，可与承印厂联系调换。

前言

在当今快节奏、竞争激烈的商业世界中，销售不仅是一种职业，更是一门艺术。它要求我们不仅要有敏锐的市场洞察力，更要有与人沟通的高超技巧。《成交秘籍 》这本书旨在通过生动实用的案例与分析，教会您如何巧妙地与客户沟通，不仅能解答客户的疑问，更能在潜移默化中引导客户，达成销售目标。本书能够帮助您掌握高效的沟通技巧，成为销售领域的高手。无论您是初出茅庐的新手，还是经验丰富的老将，都能从这本书中找到提升自己销售技巧的秘诀。

本书的核心理念是，销售话术不仅是语言的表达，更是一种思维的体现。它要求我们不仅要了解产品，更要了解客户的需求和心理。在这本书中，我们将通过一系列精心设计的场景和对话，展示如何在实际的销售过程中，运用恰当的话术与客户沟通，从而达成交易。

书中的每一个案例都是基于真实的销售场景。我们模拟了客户可能提出的问题，并提供了两种回答方式：一种是“新手话术”，它代表了大多数销售人员可能会采取的常规回答方式；另一种是“销冠话术”，它则展示了如何通过更深层次的思考和更巧妙的沟通技巧，来赢得客户的信任和满意。

在每个案例之后，我们还提供了“回复策略”，这是对整个对话过程的反思和总结。它不仅分析了为什么某种回答方式更有效，还提供了如何在不同情境下灵活运用这些技巧的建议。这些心得体会，将帮助您在实际的销售过程中，更加自信和从容。

本书的结构清晰，每一章节都围绕一个特定的销售主题展开。从开场白到产品选购，从处理异议到促成交易，每一个环节都配有详细的指导和实例。我们的目标是，让您在阅读完这本书后，能够立即将所学技能应用到实际工作中，看到明显的成效。

在撰写这本书的过程中，我们深入研究了心理学、沟通学和市场营销等多个领域的知识，力求将理论与实践相结合，为您提供最实用、最有效的销售语言技巧。我们相信，通过学习和实践这些技巧，每一位销售人员都能够提升自己的专业水平，赢得更多的客户和订单。

最后，我们希望这本书能够成为您销售生涯中的良师益友，帮助您在激烈的市场竞争中脱颖而出，实现个人和企业的双赢。让我们一起开启这段提升销售技巧的旅程吧！

目 录

第五章　价格谈判：让客户觉得物超所值

第六章　促成交易：临门一脚别马虎

第七章　售后服务：千万不可当儿戏

第一章

初次接触：卸下客户的防备

客户说，你找我有什么事

【情境分析】

客户可能没有预料到会接到企业的联系电话，需要明确联系的目的。

客户可能在寻求具体信息，以判断这次交流的相关性和紧迫性。

客户可能对企业的联系策略或沟通方式有所疑问。

【客户提问】

客户可能会问："你找我有什么事？"

新手话术

我联系您是因为我们有一项新的服务或产品，相信它可能会对您有帮助。

销冠话术

我联系您是因为我们注意到您可能对我们的某些特定服务或产品感兴趣。我想提供更多信息，看看是否有什么可以帮助到您。

【回复策略】

直接而简洁地说明联系客户的原因，避免使用模糊或通用的语言。

如果有特定的服务或产品推荐，确保这些推荐与客户的需求和兴趣相关。

保持信息透明，秉持诚信原则，让客户知晓此次联系的目的，并提供选择或拒绝的选项。

保持专业和礼貌的态度，即使客户对联系他们感到意外或不便，也要确保他们感到被尊重。

客户说，你从哪里获得我的电话号码

【情境分析】

客户可能对接到的电话或收到的信息感到意外，毕竟他们没有主动提供自己的联系信息。

客户可能在质疑自己的个人信息是如何被收集和使用的，以及这是否符合隐私保护的规定。

客户可能需要确保企业在获取和使用他们的联系信息时，是否遵守了相关的法律和道德规范。

【客户提问】

客户可能会问："你从哪里获得我的电话号码？"

新手话术

我们通过合法的渠道获得了您的联系信息。我们尊重您的隐私，并确保所有信息收集过程都符合相关法律法规。

销冠话术

我们非常重视客户隐私。您的电话号码是通过公开的商业目录、行业展会或您之前填写的联系表格等合法渠道获得的。我们严格遵守隐私保护规定，并且只在您同意的情况下使用这些信息。

【回复策略】

首先，告知客户，企业在获取和使用他们的联系信息时遵循了合法和合规的原则。其次，说明具体的信息收集渠道，帮助客户了解他们的信息是如何被企业获取的。

强调企业对隐私保护的承诺，努力确保客户知道他们的个人信息是安全的。

客户说，我不是负责人

【情境分析】

客户可能在组织中担任的角色并没有决策权。

客户可能在寻求将事务转交给合适的负责人或团队成员。

客户可能需要确保你所在企业与负责人进行有效沟通。

【客户提问】

客户可能会说："我不是负责人，你可能需要和我的上级或团队的其他成员联系。"

新手话术

明白了，请问您能帮我转接负责人或者提供他们的联系方式吗？

销冠话术

感谢您的告知，能否请您指明我应该联系的负责人或者提供进一步的指导，以便我能够确保我们的沟通能够顺利进行？

【回复策略】

尊重客户的立场，并恳请他们提供负责人的联系途径。

保持礼貌和专业的态度，即使客户无法直接负责事务。

鼓励客户提供帮助，以便找到能够作出决策的人。

保持灵活性，随时准备根据客户的指引调整沟通策略。

客户说，我没有批准权限

【情境分析】

客户可能在组织中拥有有限的职责或权限。

客户认为项目需要上级批准或者达成团队共识才能继续。

客户可能在寻求途径，将问题或需求上报给有决策权的人员。

【客户提问】

客户可能会说："我没有批准权限，你需要和我的上级或决策者谈。"

新手话术

我理解您的情况。请问您能帮我联系决策者，或者告诉我如何与他们取得联系吗？

销冠话术

完全明白，决策过程需要适当的授权。请问我可以如何协助您将这个问题上报给决策者？或者您能否提供决策者的联系方式，让我能够直接与他们沟通？

【回复策略】

首先表示理解，并尊重客户的立场。

其次，请求客户提供决策者的联系信息或其他协助途径。

提供必要的帮助，使客户能够更容易地将问题上报给决策者。

保持专业态度和耐心，确保客户知晓企业愿意配合其找到解决方案。

客户说，我回去跟老板汇报一下

【情境分析】

客户可能需要将提案或需求提交给上级或团队讨论。

客户可能在寻求内部共识，以确保决策符合组织的目标和预算。

客户可能在评估不同的选项，并希望与决策者一起作出最合适的选择。

【客户提问】

客户可能会说："我需要回去跟老板汇报一下，商议后再给你答复。"

新手话术

当然，这是一个重要的决定。如果您在讨论过程中有任何问题或需要更多的信息，请随时联系我。

销冠话术

我理解该决策需要团队共同商讨。请在您和上级讨论后告知我结果。在此期间，如果您需要任何补充信息或数据来支持讨论，请随时告知，我将及时提供。

【回复策略】

尊重客户方的决策过程，并提供必要的支持。

保持积极的沟通方式，确保客户知道企业愿意协助他们完成决策。

保持专业和友好的态度，即使决策过程可能需要一些时间。

客户说，我先看看产品

【情境分析】

客户可能在探索可用的选项，比较不同供应商的产品。

客户可能没有具体的购买计划，但对产品或服务感兴趣。

客户可能在寻找信息，以便未来作出更明智的决策。

【客户提问】

客户可能会说："我只是随便看看，了解一下。"

新手话术

没问题，请您随意浏览。如果有任何问题或需要帮助，请随时告诉我。

销冠话术

当然，了解产品是非常重要的。如果您在浏览过程中对某个产品感兴趣，或者有任何疑问，我会很乐意为您提供更多信息或建议。

【回复策略】

给予客户足够的空间和时间来自由浏览，不要过度推销。

鼓励客户提出问题，这是建立良好关系和了解客户需求的第一步。

通过提供帮助和信息，让客户感到舒适和受欢迎。

客户说，别给我推销任何产品

【情境分析】

客户可能对销售策略感到不舒服，希望获得更轻松的交流体验。

客户可能已经明确表达了他们的需求或不感兴趣的态度，希望企业尊重他们的意愿。

客户可能在寻找非销售性质的帮助或信息。

【客户提问】

客户可能会说："请不要给我推销任何东西，我只是想了解一些信息。"

新手话术

我理解您的感受，我们不会向您推销任何东西。如果您有任何问题或需要帮助，请随时告诉我。

销冠话术

当然，我们尊重每位客户的需求和隐私。我在这里是为了提供帮助和信息，而不是推销。如果您愿意，我们可以进行轻松的交流，您可以在任何时候提出问题。

【回复策略】

尊重客户的意愿，避免任何形式的强制销售。

如果客户愿意交流，努力确保对话是开放和友好的，让客户感到舒适。

保持专业和友好的态度，让客户知晓企业重视他们的需求和感受。

客户说，你们能赚多少钱

【情境分析】

客户可能对产品定价的利润空间感兴趣。

客户可能在考虑产品的价格是否包含了合理的利润。

客户可能希望了解企业是否诚信经营，并以公正的价格提供产品。

【客户提问】

客户可能会问："如果我买了你们的产品，你能从中赚多少钱？"

新手话术

我当然会赚到一点佣金，但这是每个销售人员都会有的，很正常。

销冠话术

的确，我能从这里面获得一部分佣金，但是比起这个，我更希望能为您提供更好的服务。

【回复策略】

避免提供具体的数字，除非这些信息是公开和透明的。

强调企业对产品质量和客户满意度的承诺，以及定价的公正性，并尝试引导话题。

保持专业和诚信，努力确保客户知晓企业在定价过程中充分考量了客户的利益。

客户说，你们就是想赚我的钱吧

【情境分析】

客户可能对企业的销售动机有所怀疑，感觉企业更关注利润而非客户利益。

这可能是基于对某些行业惯例的普遍看法，或是客户对特定销售策略的反应。

客户可能在寻求企业展示其服务或产品的真正价值，以及这些服务或产品如何符合客户的利益。

【客户提问】

客户可能会问：“你们就是想赚我的钱吧？”

新手话术

我们的目标是提供高质量的产品和服务，同时确保企业能够持续运营和发展。

销冠话术

我们当然希望我们的业务能够盈利，但这并不是我们唯一的目标。我们更看重的是建立长期的客户关系，通过提供有价值的产品和服务来赢得您的信任和满意。

【回复策略】

告知客户，企业追求的是双赢的结果，既满足客户需求也确保企业可持续发展。

强调企业对客户满意度的重视，以及在提供产品和服务时秉承的诚信原则和透明度。

避免仅关注利润的讨论，而是转向讨论企业如何为客户创造价值。

保持专业和同理心，努力确保客户感受到企业对他们顾虑的了解，并始终致力于提供超越单纯利润的价值。

客户说，有需要再联系你

【情境分析】

客户可能在对产品或服务进行初步了解，但尚未决定是否购买。

客户可能正在考虑他们的选项，或等待特定的购买时机。

客户可能对企业的产品或服务持开放态度，但目前没有明确的购买需求。

【客户提问】

客户可能会说："我现在还在考虑，有需要我再联系你。"

新手话术

当然，如果您有任何问题或需求，请随时联系我。

销冠话术

我完全理解。您可以随时联系我，我在这里随时准备为您提供帮助。

【回复策略】

尊重客户的决定，不要给客户施加压力或强迫客户购买。

提供通畅的沟通渠道，让客户知道企业随时准备提供帮助。

保持友好且专业的态度，让客户感到舒适和受欢迎。

可以适时跟进，但要确保不要过于频繁，以免侵扰客户的私人时间。

客户说，我不提供联系方式

【情境分析】

客户可能对提供个人信息持谨慎态度，担心隐私泄露或受到骚扰。

客户可能对企业不太了解，不愿意建立联系。

客户可能只是随意浏览，并没有立即购买或深入了解产品的打算。

【客户提问】

客户可能会说："我不想提供我的联系方式。"

新手话术

我理解您对隐私的考虑。如果您不想提供联系方式，您可以直接向我提问或获取信息，我会尽力帮助您。

销冠话术

我们尊重您的隐私。在您感到舒适并愿意提供联系方式之前，您可以直接与我交流，我会提供您所需的帮助和信息。

【回复策略】

尊重客户的隐私选择，不要强迫客户提供个人信息。

确保客户知晓他们即使不提供联系方式也能获得必要的帮助和信息。

保持专业和友好的态度，让客户消除顾虑，无论他们是否选择提供联系方式。

如果客户在未来改变主意，确保他们知晓企业随时欢迎他们提供联系方式，以便获得更个性化的服务。

第二章
需求挖掘：了解客户心中所想

客户说，我做不了主

【情境分析】

客户可能需要与上级或团队成员进行沟通，以获得必要的批准。

客户可能在寻求建议或支持，以说服决策者。

客户可能在测试你的反应，看你是否能够提供有说服力的论据。

【客户提问】

客户可能会说："我对这个项目很感兴趣，但我做不了主。"

新手话术

我理解您需要与决策者协商。我可以提供一些额外的信息或数据，帮助您向他们展示这个提案的价值。

销冠话术

我完全理解决策过程可能涉及多个方面。让我们讨论一下关键点。我可以准备一份详细的报告，以便您向决策者清晰地传达我们的提案。

【回复策略】

表示你的理解和支持，提供必要的信息和材料，以帮助客户构建坚实的论据基础，从而有效地向决策者传达提案的价值和紧迫性。

建议安排一次会议，让决策者直接参与讨论，从而提高提案的接受度。

保持耐心和灵活性，根据客户的反馈，调整和优化你的提案或策略。

客户说，我再考虑考虑

【情境分析】

客户可能需要时间来思考提案的全部含义和潜在影响。

客户可能在等待更多的信息或反馈，以帮助他们作出决定。

客户可能在比较不同的选项或供应商，尚未作出最终决定。

【客户提问】

客户可能会说："我现在还不能决定，需要再考虑考虑。"

新手话术

当然，这是一个重要的决定。如果您有任何问题或需要更多的信息，请随时告诉我。

销冠话术

我完全理解您需要时间来深思熟虑。我可以提供一些额外的资料或安排一次跟进会议，以便您在考虑过程中有任何疑问都能得到解答。

【回复策略】

尊重客户的决定过程，不要给他们压力，但要表明你随时准备提供帮助，帮助客户更好地理解项目方案，并会针对客户疑虑提供专业解答。建议设定一个跟进日期，以便在客户考虑后进行进一步的讨论。

保持积极的态度，即使客户需要更多时间，也要展现出你对最终达成共识充满信心。

客户说，我们内部讨论一下

【情境分析】

客户可能需要在内部评估提案的可行性和优势。

客户可能在寻求不同意见，以确保作出全面的决策。

客户可能需要时间来整理和呈现提案，以获得内部的支持。

【客户提问】

客户可能会说："我们先内部讨论一下，然后再给你答复。"

新手话术

没问题，内部讨论是决策过程中的重要一步。如果讨论中有任何问题或需要我提供额外信息，请随时联系我。

销冠话术

我完全理解。在您内部讨论期间，如果需要进一步的数据支持，请告诉我，我很乐意提供。

【回复策略】

尊重客户的内部决策流程，避免催促或施加压力。

提供必要的支持和信息，方便客户可以在讨论时参考运用。

主动询问是否需要你参与讨论，或者提供特定信息以辅助客户的决策过程。始终保持沟通渠道的开放，并准备好在客户需要时及时提供帮助。

客户说，你们还提供哪些额外的服务

【情境分析】

客户或许对当前服务感到满意，进而期望了解是否有其他可以提升体验的服务。

客户可能在寻找更具个性化或定制化的服务选项。

客户也许在对比不同供应商的服务范畴，以判定是否有更全面的服务套餐可供选择。

【客户提问】

客户可能会问："除了基本服务，你们还提供哪些额外的服务？"

新手话术

我们提供一系列增值服务，比如定制咨询、高级技术支持和专属客户经理。我可以详细解释这些服务如何满足您的需求。

销冠话术

我们致力于为客户打造全面的服务体验。除了基础服务外，我们还有一系列定制化选项，旨在满足您的特定需求。不妨让我们一起探讨这些可能性，共同筛选出最契合您实际情况与期望的服务方案。

【回复策略】

展现出你对客户潜在需求的了解，并且随时准备好为其提供相应的服务。

强调服务的个性化和定制化，显示出企业愿意满足客户的特定需求。

保持开放和尊重的态度，鼓励客户提出他们的需求和期望，以便提供最契合的服务。

客户说，你突然不做了怎么办

【情境分析】

客户可能对合作的持续性心存疑虑。

客户可能因为过往不愉快的合作经历，导致对新合作伙伴的信任度有所顾虑。

客户可能需要额外的保证或依据来建立信任基础。

【客户提问】

客户可能会问："如果我们合作了，但你突然不做了怎么办？"

新手话术

我们企业一直致力于为客户提供长期稳定的服务。我们有着良好的业务记录和客户满意度，您可以放心我们对承诺的坚守。

销冠话术

我理解建立信任是促成长期合作的关键所在。我们企业有着坚实的业务基础和专业团队，致力于保障每一位客户的权益。此外，我们制订了明确的服务协议和完善的客户支持政策，确保您在合作过程中的权益得到充分保障。

【回复策略】

强调企业的稳定性、专业性和对客户的承诺。

提供企业的业务历史、客户评价或案例研究作为信任的依据。

秉持透明和诚实的原则。如果存在任何可能影响服务持续性的因素，提前与客户进行沟通。

客户说，后期遇到问题，找不到你们怎么办

【情境分析】

客户可能对供应商的售后服务和响应速度有所顾虑。

客户可能担心，在遇到问题时能否获得及时有效的解决方案。

客户可能需要了解供应商的客户服务流程和所提供的各项保障措施。

【客户提问】

客户可能会问："如果我们后期遇到问题，找不到你们怎么办？"

新手话术

我们企业提供全方位的客户支持服务。即使在项目后期，您也可以通过多种渠道与我们进行联系，包括电话、电子邮件和在线咨询。

销冠话术

我们非常重视客户的持续满意度，因此我们建立了一套完善的客户服务体系。无论何时您遇到问题，都可以通过我们提供的多种沟通渠道快速获得帮助。此外，我们有专门的客户服务团队，确保您的问题能够得到及时和专业的解决。

【回复策略】

告知客户，在整个合作周期内，他们都能得到及时的支持和响应。

详细介绍客户服务流程、响应时间和联系方式，让客户感到安心。

向客户分享一些成功的服务案例或客户推荐信，以增强客户信任。

明确告知企业对客户满意度的承诺，并表明你们愿意采取必要的措施来确保客户的需求得到满足。

客户说，你们会负责到底吗

【情境分析】

客户可能担心在项目实施后，遇到问题时，供应商的责任感不足。

这可能反映了客户对建立长期合作关系的期望和对供应商可靠性的关注。

客户可能需要了解供应商的服务承诺和提供的相应保障措施。

【客户提问】

客户可能会问："你们会负责到底吗？"

新手话术

当然，我们承诺全程负责，确保您的需求得到满足，并且在项目实施后提供必要的支持。

销冠话术

我们企业非常重视对客户的承诺，我们的服务不仅仅局限于项目启动阶段。我们会持续跟进，确保项目的成功，并在您需要时提供全力支持。

【回复策略】

明确表达企业对项目取得成功，以及保障客户满意度的承诺。

强调企业对持续服务和支持的重视，以及在客户需要时提供帮助的决心。

提供具体的服务保障措施，如服务水平协议（SLA），客户服务团队的介绍，以及解决问题的流程说明。

通过分享成功案例或客户推荐理由，来展示企业在负责担当方面的优秀表现。

客户说，有空我联系你

【情境分析】

客户可能确实忙碌，需要在适当的时间再进行联系。

客户可能需要进一步思考或与其他人商量后才能作出决定。

这或许是客户的一种委婉说法，实际上他们可能对当前的提案不感兴趣，或需要获取更多信息。

【客户提问】

客户可能会说："我现在有点忙，有空我会联系你的。"

新手话术

当然，我完全理解。如果您有任何问题或需要进一步的信息，请随时与我联系。

销冠话术

没问题，我在这里随时准备为您提供帮助。为了确保您在未来需要时能够尽快找到我，我可以提供一个简短的跟进提醒，或者一些额外的相关资料供您参考。

【回复策略】

尊重客户的时间和决定，不要显得过于迫切或施加不必要的压力。

主动提供便于客户联系的方式，比如留下清晰准确的联系方式或设置自动提醒功能。

可以提出一个具体的跟进时间或日期，以显示你的积极性和专业性。

保持积极的态度，即使客户现在不立即作出决定，也要确保他们知道你随时准备为他们提供帮助。

客户说，如果你是我，你会怎么选择

【情境分析】

客户可能在寻求来自第三方的客观意见。

客户可能在考虑不同的选项，并期望得到更深入的分析，来帮助他们作出决定。

客户可能想要验证他们的选择是否与行业专家的观点相吻合。

【客户提问】

客户可能会问："如果你是我，面对这种情况，你会怎么选择？"

新手话术

如果我站在您的角度，我会考虑……（某些因素或标准），基于这些因素，我可能会选择……（某个选项）。

销冠话术

作为一个专业人士，如果我面临您这种情况，我会首先考虑……（关键因素），然后根据这些因素来权衡不同的选项。不过，每个人的情况都是独特的，最终的决定应该基于您自己的需求和偏好。

【回复策略】

从专业角度出发，提供基于实践经验的见解和合理建议。

避免直接告诉客户该怎么做，而是提供相关信息与多种选项，让客户作出最适合自己的选择。

客户说，我刚选了其他家的服务

【情境分析】

客户可能在比较不同供应商后作出了选择。

客户可能想要终止当前的谈判或讨论。

客户可能在寻求反馈，或希望了解未来再次需要服务时，你的反应会是如何。

【客户提问】

客户可能会说：“我已经选择了其他家的服务。”

新手话术

我明白了。如果您有任何其他问题或将来有需要，欢迎随时联系我们。

销冠话术

恭喜您作出了选择！我们始终在这里，若您日后有任何需要，或再考虑其他服务，请不要犹豫，随时联系我们。

【回复策略】

始终保持专业和礼貌，即使客户选择了其他供应商。

表达对客户决定的尊重，并保持积极开放的态度，明确表达你愿意在未来为其提供帮助或服务的意愿，以便未来有合作的机会。

可以询问客户是否愿意分享选择其他供应商的原因，以便你可以获得有效的反馈，并改进服务。

第三章

吸引客户：让客户了解产品价值

客户说，产品太普通了，没啥特点

【情境分析】

客户可能对市场上常见的产品感到不满足，期望找到更具特色或个性化的选项。

客户可能在寻找能够彰显他们个人品位或适合特定场合的独特产品。

客户可能对产品的第一印象不够深刻，产品描述缺乏吸引力，需要更深入地了解产品的独特卖点。

【客户提问】

客户可能会问："我觉得这个产品太普通了，它有什么特别之处吗？"

新手话术

我们的产品在设计和功能上都经过精心的打磨，虽然外观看似简单，但其实包含了很多精心设计的特点和优势。

销冠话术

我理解您对独特性的追求。我们的产品确实在某些方面保持了经典设计，但同时也融入了一些创新元素。让我为您详细介绍这些可能被忽略的特点，它们可能会改变您的看法。

【回复策略】

认真倾听客户的意见，并尝试站在他们的角度，理解他们为何觉得产品普通。

突出产品的独特卖点，涵盖技术创新、设计理念、使用的材料或客户服务等方面。

如果产品确实缺乏独特性，可以考虑提供定制服务，或推荐其他更具特色的产品。

客户说，你们的优势在哪里

【情境分析】

客户可能在寻找特定的价值主张，以确定你的产品或服务是否满足他们的需求。

客户可能正在考虑性价比、产品质量、服务水平、创新能力或其他差异化因素。

客户可能面对市场上的诸多选择而犹豫不决，希望了解你的企业如何脱颖而出。

【客户提问】

客户可能会问："你们的优势在哪里？我为什么要选择你们而不是你的竞争对手？"

新手话术

我们的优势在于我们提供高质量的产品、优质的客户服务和具有竞争力的价格。我们致力于为客户提供深度的购买体验。

销冠话术

选择我们，您将享受到我们独有的产品特性、定制化服务和行业内领先的技术支持。我们的优势不仅彰显在产品上，还体现在我们对客户需求的深入理解和快速响应的能力上。

【回复策略】

突出你的产品或服务的关键优势，确保这些优势与客户的需求和期望相匹配。

强调企业对客户满意度的承诺，阐明企业将如何通过持续改进举措，来保持在行业中的领先地位。

客户说，我朋友用过，他说不好用

【情境分析】

客户可能因为朋友的负面体验而对产品持有预设的负面看法。

这可能表明产品在某些方面未能达到用户的期望或满足其需求。

客户可能在寻求保证，希望了解企业如何看待此类反馈，并采取措施改进产品。

【客户提问】

客户可能会问："我朋友用过你们的产品，他说不好用，这是怎么回事？"

新手话术

我们很抱歉听到您朋友的体验不尽如人意。我们一直致力于提升产品性能和用户体验，请告诉我更多关于他们遇到的问题，我们会认真对待并努力改进。

销冠话术

听到这样的反馈我们感到非常遗憾。我们始终致力于提升产品体验，并且不断进行改进。请问您的朋友具体是在哪方面觉得不满意呢？我们可以提供帮助，或者针对具体问题提供解决方案。同时，我们也有很多其他用户通过使用我们的产品获得了积极的认可的案例，也许您也会对这些案例感兴趣。

【回复策略】

要表现出对客户反馈的重视和对客户问题的理解。

提供一个开放的沟通渠道，鼓励客户提供更多细节，以便更好地解决问题。强调企业愿意采取行动来解决问题，并利用这些反馈来改进产品。

客户说，你们还和哪些公司合作过

【情境分析】

客户可能对企业的市场信誉和业务能力感兴趣。

客户可能在寻找企业与知名企业合作的案例，以此来判断企业的实力。

客户可能想了解企业在行业内的联系网络及所采取的合作模式。

【客户提问】

客户可能会问："你们过去和哪些公司或品牌有过合作？"

新手话术

我们与多家知名企业建立了合作关系，包括……（列举合作伙伴名称），这些合作覆盖了不同的业务领域和市场。

销冠话术

我们的合作伙伴网络非常广泛，包括行业内的领军企业和新兴企业。例如，我们与……（列举合作伙伴名称）有过深入的合作，这些合作案例充分展示了我们在行业中的影响力及专业能力。

【回复策略】

着重展示企业与知名企业的成功合作案例，以增强客户的信任感。

提供具体的合作成果或案例研究，让客户更加直观地了解合作效果。

针对客户可能的兴趣点，提供相关领域的合作伙伴信息。秉持诚实与透明的原则，确保提供的合作伙伴信息准确无误且为最新信息。

客户说，我推荐朋友过来，能获得什么好处

【情境分析】

客户可能对企业的推荐奖励政策感兴趣，这可以增加他们对品牌的忠诚度。

客户可能希望通过推荐获得某种形式的回报或认可。

客户可能在寻找额外的价值，以进一步增强他们与企业的合作关系。

【客户提问】

客户可能会问："如果我推荐朋友使用你们的产品或服务，我能获得什么好处？"

新手话术

非常感激您的推荐，我们通常会提供一些优惠或奖励来表达我们的感谢。具体的好处可能包括折扣、积分或其他形式的回报。

销冠话术

我们非常重视客户的推荐，因为这是对我们产品和服务最好的认可。作为感谢，我们有一个推荐奖励计划，确保您和您的朋友都能从中获益。我可以向您详细介绍这个计划的细节。

【回复策略】

明确告知客户推荐奖励制度的存在，并强调企业对推荐行为的重视。

如果有具体的奖励计划或政策，详细说明奖励的类型和获取条件。

展示企业愿意与客户共享成功与价值的诚意，以增强客户的忠诚度。

客户说，能不能免费试用一下

【情境分析】

客户可能对产品的功能或效果持观望态度，希望通过试用来降低购买风险。

免费试用可以作为客户体验产品优势的一个机会，有助于建立信任。

客户可能在比较不同供应商的试用政策，以确定哪个更符合他们的需求。

【客户提问】

客户可能会问："我可以免费试用你们的产品吗？"

新手话术

我们可以提供试用期，具体的条件和时长会根据不同的产品而有所不同。我可以帮您查看当前的试用政策。

销冠话术

我们非常希望您能体验我们的产品。确实，我们提供了免费试用选项，让您能够在购买前亲自感受产品的优势。下面，让我来为您介绍如何开始试用。

【回复策略】

确认是否提供试用。如果有试用政策，提供相关的详细信息，如试用的条件、期限及任何可能存在的限制。清晰地说明如何操作，以及客户需要遵循的步骤。

保持积极主动的态度，即使客户最终决定不购买，也要确保他们对试用体验感到满意。

客户说，你们会怎么安排后续的工作

【情境分析】

客户可能对合作后的工作流程、时间安排或责任分配等方面感兴趣。

客户可能在评估企业在项目执行和客户服务方面的专业性和可靠性。

客户可能需要确保后续工作能够顺利进行，以满足他们的需求和预期。

【客户提问】

客户可能会问："我们签约后，你们会如何安排后续的工作？"

新手话术

一旦我们达成合作，我们会根据您的需求和项目的具体要求，制定详细的工作计划和时间表。我们会与您紧密沟通，确保每一步都符合您的期望。

销冠话术

我们非常注重项目的顺利执行。后续工作将由我们的专业团队负责。我们会提供一份详细的项目实施计划，包括关键里程碑、交付物和预期成果。我们的目标是确保透明度和效率，让您全程了解项目进展。

【回复策略】

告知客户，企业有明确的后续工作计划，并强调沟通的重要性。

提供项目计划或时间线的具体示例，以充分展示企业的专业能力。

强调客户在整个过程中的参与度，确保他们感到被重视且意见被认真听取。

保持开放和灵活的态度，准备好根据客户的反馈调整计划。

客户说，你们销量如何

【情境分析】

客户可能对产品在市场上的表现感兴趣。销量是衡量产品成功与否的关键指标之一。

客户可能在投资或合作前，希望了解企业的销售能力和市场竞争力。

客户可能需要通过销量间接判断产品的品质和顾客满意度情况。

【客户提问】

客户可能会问："你们的产品在市场上的销量怎么样？"

新手话术

我们的产品销量一直很稳定，受到了市场的广泛认可和好评。

销冠话术

我们的销量是衡量我们产品质量和市场接受度的一个重要指标。我可以自豪地说，我们的销量一直在健康增长，这得益于我们对产品质量的不懈追求和对客户需求的深入理解。具体的销售数据，我很乐意与您分享，以帮助您更好地了解我们的产品在市场上的表现。

【回复策略】

告知客户，产品在市场上的表现，并表达出企业对产品质量和市场反馈的重视。

避免夸大其词，保持真实性，以免影响客户信任度。

第四章

异议处理：解除客户的顾虑与不满

客户说，我都没听说过你们的品牌

【情境分析】

客户可能对市场上的新品牌或较小众品牌不够了解。

这可能表明品牌需要在市场推广和宣传方面加大力度。

客户可能对品牌缺乏了解，但对尝试新产品或服务持开放态度。

【客户提问】

客户可能会问："我都没听说过你们的品牌，能介绍一下吗？"

新手话术

我们的品牌可能还没有达到广为人知的程度，但我们一直致力于提供高品质的产品和优质的客户服务。

销冠话术

我很高兴有机会向您介绍我们的品牌。虽然我们可能不是最知名的，但我们专注于质量和创新，并且已经获得了一些忠实的客户和行业内的认可。

【回复策略】

保持积极的态度，将客户对品牌的不了解视为一个宣传介绍品牌的好机会。

简洁明了地介绍品牌的核心价值、产品特点和客户可能感兴趣的优势。

可通过提供品牌获得的奖项、认证或媒体报道等第三方认可信息来增加可信度。

鼓励客户了解更多信息，可以提供网站链接、产品目录，或邀请他们关注品牌的社交媒体账号。

客户说，你们产品的质量没问题吧

【情境分析】

客户可能之前有不好的购物经历，导致对新品牌或产品存有疑虑。

客户可能对产品的性能、耐用性或可靠性存在担忧。

客户可能在对不同品牌进行对比，希望选择质量上乘的产品。

【客户提问】

客户可能会问："你们产品的质量有保障吗？会不会存在问题？"

新手话术

我们非常重视产品质量，所有产品在出厂前都经过了严格的质量检验。

销冠话术

质量是我们的首要承诺。我们采用高标准的原材料，并执行严格的生产流程和质量控制措施，确保每一位客户都能获得优质的产品。同时，我们也提供完善的售后服务，以解决您可能遇到的任何问题。

【回复策略】

向客户阐释产品质量，并简要介绍企业的质量管理体系。

向客户提供客户评价、案例研究或任何能够证明产品质量的依据。

强调企业售后服务的可靠性，让客户知道即使出现问题也有妥善解决方案。

秉持诚实与透明的原则。如果产品存在已知的限制或需满足特定的使用条件，应该提前告知客户。

客户说，你们的品牌规模较小，我不放心

【情境分析】

客户可能因为企业品牌在市场上的知名度不高，而担心其产品的质量和售后服务。他们可能需要额外的保障来消除这些顾虑。

【客户提问】

客户可能会说："你们的品牌规模较小，我不太放心。"

新手话术

虽然我们的品牌规模相对较小，但我们对产品质量和客户满意度有着严格的标准和承诺。

销冠话术

我们品牌虽然规模不大，但正因如此，我们能够更灵活，更加贴近客户的实际需求。我们专注于提供高品质的产品和个性化的服务。许多客户因为我们的专注和热情而成为我们的忠实粉丝。我很高兴能分享他们的故事和对我们品牌的评价。

【回复策略】

强调品牌规模虽小但具有高度的专业性和对客户的深切关注。

展示品牌的优势，如灵活应变能力，能提供个性化服务和高品质产品。

提供具体的客户案例或真实评价，以增强说服力和信任度。

保持积极的态度，展现出企业对客户的重视和对产品质量的自信。

客户说，你们的产品与我们的需求不匹配

【情境分析】

客户可能觉得企业现有的产品或服务功能与其期望或业务模式不符。

客户可能在寻找特定的定制服务或特殊功能，而企业标准产品无法满足其需求。

客户可能需要获取更多的信息或建议来探索不同的选项。

【客户提问】

客户可能会问："我看了你们的产品，感觉与我们的需求不匹配，你们能提供什么解决方案吗？"

新手话术

我们理解每个客户的需求都是独特的。请告诉我更多关于您的需求，我们会尽力提供适合的解决方案。

销冠话术

我们致力于满足客户的个性化需求。让我们深入了解您的具体情况，看看是否可以调整我们的服务或产品来更好地适应您的需求，或者探讨其他可能的解决方案。

【回复策略】

认真倾听客户的反馈，了解他们认为不匹配的具体原因。

如果确实无法满足客户需求，诚实地告知客户，并与客户探讨其他可能的选项或方案。

保持专业和友好的态度，即使无法立即满足客户的需求，也要确保他们对企业的专业性和服务态度感到满意。

客户说，你们产品的特点，我也用不到

【情境分析】

客户可能对产品不够了解，或者他们的需求与产品特点不匹配。

【客户提问】

客户可能会说："你们产品的特点，我也用不到。"

新手话术

我理解您可能觉得我们的产品目前不符合您的需求。不过，我们的产品设计考虑了多种使用场景，也许有些功能您还没有意识到它们的用处。我可以详细为您介绍这些特点，看看是否有适合您的地方。

销冠话术

我完全理解您的观点，有时候产品的特点在初看时可能显得不直接相关。但让我们换个角度来看，我们的产品其实有很多隐藏的优势，这些优势会给您日常工作或生活中的某个方面带来意想不到的便利。我给您展示几个例子，或许能激发您对我们产品的兴趣。

【回复策略】

认真听取客户的反馈，站在客户的角度思考问题，展现出对他们需求的理解和尊重。不要急于辩解或进行推销。

通过向客户讲解，帮助他们认识到产品可能带来的间接好处或长远价值。

如果客户确实不需要产品，可以询问他们是否有其他需求，或者提供其他可能更适合他们的解决方案。即使客户对产品不感兴趣，你也要保持专业和礼貌，留下良好的印象，为将来可能的合作奠定基础。

客户说，我很怀疑你们的服务

【情境分析】

客户可能对企业服务的可靠性、质量或效果有所顾虑。

【客户提问】

客户可能会说："我很怀疑你们的服务。"

新手话术

我们理解您可能有疑虑，毕竟选择服务是一个重要的决定。我们非常重视客户的信任，并且我们有一系列的客户反馈和成功案例可以证明我们的服务质量。我可以提供一些资料给您，帮助您更好地了解我们的服务。

销冠话术

您的怀疑是完全合理的，特别是在选择服务时。我们非常欢迎您提出疑问，因为这给了我们展示服务优势的机会。我们有详细的客户评价、案例研究以及第三方认证，这些都可以帮助您增强对我们服务的信心。我也很乐意回答您提出的任何具体问题。

【回复策略】

认可客户的疑虑，表明你理解他们的担忧。

提供具体的证据来支持你们的服务是符合标准的，包括服务流程、标准和客户反馈。详细罗列客户评价、案例研究以及第三方认证，展示服务的专业性。

根据客户的疑虑，提供个性化的解决方案或建议。

在初次沟通后，继续向客户提供支持和信息，以加深客户的信任。

客户说，我不满意这份合同

【情境分析】

客户对合同不满意可能源于多方面原因，如合同条款不明确、合同条件不符合预期、合同执行过程中出现问题等。

【客户提问】

客户可能会说："我不满意这份合同。"

新手话术

我们和其他合作方签的也是这样的合同。有什么问题吗？

销冠话术

我理解您可能对合同的某些条款有所顾虑。我们的目标是确保您满意。能否请您具体说明是合同的哪些方面让您感到不满意？让我们共同审阅合同内容，找出问题所在，并共同探讨如何进行调整，以满足您的需求。

【回复策略】

要认真倾听客户的不满，尝试从客户的角度看待问题。

请客户指出合同具体不满意的地方，以便更准确地找到问题并提供解决方案。

根据客户的反馈，灵活调整合同内容，以达成双方都满意的结果。

可以建议客户咨询法律顾问，以确保合同的合法性和合理性。

即使在解决合同问题时，也要保持专业和友好，以维护与客户的长期关系。

确保所有讨论和合同条款变更都有记录，并及时跟进实施情况，确保问题得到妥善解决。

客户说，你们不会在合同中给我下套吧

【情境分析】

客户可能担心合同中存在对自己不利的条款，这种担忧通常源于对合同细节的理解不充分或对合作方信任度的欠缺。

【客户提问】

客户可能会问："你们不会在合同中给我下套吧？"

新手话术

我们非常重视诚信和透明度。我们的合同条款清晰公正，旨在保护双方的利益。如果您有任何不明白或担忧之处，请随时指出，我会详细为您解答，以消除您的疑虑。

销冠话术

我们理解信任是任何合作关系的基石。我向您保证，我们的合同没有任何隐藏的条款或陷阱。实际上，我们倡导全程透明，并且愿意与您一起逐条审阅合同，确保您完全理解并满意其中的每一项条款。

【回复策略】

展现出诚信与专业的态度，强调企业操作的透明与公正。

主动提供帮助，对合同条款进行详细解释。

确保客户没有遗漏任何重要信息。

客户说，你们竞争对手的产品比你们的好

【情境分析】

客户认为竞争对手的产品或服务比你们提供的更好，这可能表明他们对市场上的产品有所了解，并且正在权衡不同产品的优缺点。

【客户提问】

客户可能会说："你们竞争对手的产品比你们的好。"

新手话术

我理解您的观点。请允许我解释一下我们的产品或服务的独特之处。我们专注于提供……（具体特点），这些是竞争对手所没有的。例如，我们的××特定功能可以为您带来××等具体好处。此外，我们提供优质的客户服务和支持，确保满足您的需求。

销冠话术

非常感谢您提出这个问题。实际上，我们非常重视客户的反馈，并将其作为我们改进的机会。为了帮助您更全面地了解我们的优势，我可以安排一次简短的电话会议或现场参观，让您亲自体验我们的产品和服务。同时，如果您愿意分享更多关于我们竞争对手的看法，我们可以一起探讨如何更好地满足您的需求。

【回复策略】

通过详细解释产品或服务的独特价值和优势，可以有效回应客户的疑虑。

主动提出安排进一步沟通的建议，可以展现对客户需求的关注和对客户的尊重。

客户说，成交最后关头，再优惠些

【情境分析】

客户可能希望在最终交易或合作前获得某种形式的优惠或额外好处。

【客户提问】

客户可能会说："成交最后关头，再优惠些。"

新手话术

我明白您的需求，但请理解我们的所有报价都是基于公平和诚信的原则。不过，我可以为您查找是否有促销活动或特别优惠，这或许可以满足您的需求。

销冠话术

非常感谢您的坦诚分享。为了确保让您感到满意和重视，我们可以为您提供一个特别折扣或增值服务。

【回复策略】

告知客户，企业在不违反国家法律法规以及企业规定的情况下可以满足客户一定的期望，如提供适当的优惠或额外服务。

客户说，产品有质量问题怎么办

【情境分析】

客户可能对产品的质量有所顾虑，希望了解企业对质量问题的处理机制。

客户可能已经遇到了问题，或者想要确保在问题发生时有明确的解决途径。

客户可能在评估企业的服务质量和可靠性。

【客户提问】

客户可能会问："如果产品有质量问题，你们会怎么处理？"

新手话术

我们对产品质量问题非常重视。如果您遇到问题，请提供具体信息，我们将按照我们的服务政策和流程迅速为您解决。

销冠话术

我们承诺提供高品质的产品，并确保每位客户的满意度。关于您提到的质量问题，请您详细描述遇到的问题，我们会立即启动质量问题应对流程，包括诊断问题、提供解决方案，以及采取必要的补救措施，确保您的问题得到及时和妥善的处理。

【回复策略】

熟知企业的质量问题处理流程，并告知客户，让其感到安心。

强调企业对客户满意度的承诺，以及在问题发生时提供快速、有效支持的决心。

通过积极主动的服务态度和有效的解决方案，增强客户对企业的信任感和忠诚度。

客户说，你们送货太慢了

【情境分析】

客户可能基于之前的体验或与竞争对手的比较，认为当前的发货流程不够迅速。

客户可能急需产品，对延迟发货感到沮丧。

客户可能对整个供应链的效率存有疑问，希望了解企业如何作出改进。

【客户提问】

客户可能会问："我看了你们的流程，你们的发货速度太慢了，能改进吗？"

新手话术

抱歉，我们之前一直都是这样的。如果您急需，我看看能不能给您提前发货。我们也会审查和改进我们的发货流程，以减少等待时间。

销冠话术

感谢您提出宝贵的反馈。我们理解快速发货的重要性，并正在采取措施优化我们的流程。我们愿意与您一起找到一个更快的解决方案，以满足您的需求。

【回复策略】

及时承认问题，并告知客户正在寻求解决方案。

提供个性化服务的可能性，明确表明与客户合作的意愿，并共同寻找满足其需求的有效途径。

第五章

价格谈判：让客户觉得物超所值

客户说，你们的产品怎么卖这么贵

【情境分析】

客户可能在对比市场上其他供应商的产品价格。

客户可能对产品或服务的价值与价格之间的关联有疑问。

客户可能在寻求价格合理性的解释或证明。

【客户提问】

客户可能会问：“你们的产品或服务怎么这么贵？”

新手话术

我们的价格反映了我们产品的质量和服务的标准。我们致力于为客户提供最具价值的产品和服务。

销冠话术

我们理解价格是作出购买决策的一个重要因素。我们制定的价格是基于对提供高品质产品和卓越服务的承诺。我可以向您展示我们的产品和服务将如何为您持续带来价值。

【回复策略】

向客户解释价格背后的价值，包括产品的质量、特性、服务和保障。

提供具体的案例或数据来支持你的论点，如成本效益分析或客户满意案例。

探讨不同的定价方案或套餐，以适应客户不同的预算需求。

保持专业态度和坚持诚信原则，确保客户知道他们所获得的价值。

客户说，我认识你们老板，便宜点吧

【情境分析】

客户可能认为通过表明与老板的关系可以获得更优惠的价格。

这可能是客户在试图建立信任或寻求更有利的交易条件。

【客户提问】

客户可能会问："我认识你们老板，能不能给我便宜点？"

新手话术

很高兴听闻您认识我们的老板。我们的价格是统一的，但我会尽力为您提供最好的服务。

销冠话术

您和我们的老板认识，那真是缘分不浅。虽然我们的价格政策对所有客户都是一致的，但我们可以探讨其他方式来表达我们对老朋友的感激，比如给您提供额外的服务或支持。

【回复策略】

即使客户声称有内部关系，也要秉持价格政策的一致性和公平性。

避免立即给予折扣，因为这可能会影响企业的定价策略。

提供替代优惠，如增值服务或忠诚度奖励，以表达对客户的重视。

保持专业和友好的态度，确保客户感到被尊重，即使他们的要求无法得到满足。

客户说，我是老顾客了，能便宜点吗

【情境分析】

客户可能已经对企业的产品或服务有了深入了解，并希望因此获得一些优惠。

客户可能认为长期的忠诚和支持应该得到一定的奖励或认可。

客户可能在比较不同供应商的报价，希望在保持与企业良好关系的同时达成更有利的交易。

【客户提问】

客户可能会问："作为老顾客，难道我不能享受一些优惠吗？"

新手话术

我们非常感激您的持续支持。虽然我们的价格是固定的，但我们会为您提供最好的服务。

销冠话术

感谢您长期以来的支持。我们为老顾客准备了一些特别的优惠和忠诚度计划，让我来向您介绍这些专属福利。

【回复策略】

对老客户的忠诚度表示感谢，并根据企业政策提供适当的优惠或奖励。如果企业有忠诚度计划或其他针对老客户的优惠政策，应该详细介绍给客户。

强调企业珍视长期客户，并愿意通过各种方式来维护这种关系。

保持企业运作的透明和政策的一致性，确保所有客户都知道如何获得优惠，并感到被公平对待。

客户说，我确定要了，再便宜点吧

【情境分析】

客户可能认为在决定购买时，企业会提供额外的折扣。

客户可能在比较不同供应商的报价，希望获得更有竞争力的价格。

客户可能在寻求额外的优惠，以满足他们的预算。

【客户提问】

客户可能会问："我确定要了，能不能再便宜一些？"

新手话术

感谢您选择我们的产品。目前的价格已经是最优惠的了。

销冠话术

很高兴看到您对我们的产品感兴趣。虽然我们的价格已经非常有竞争力，但我会为您查看是否当前有促销活动或折扣优惠，以表达我们对您选择我们产品的感激。

【回复策略】

向客户表示感谢，并充分认可他们的购买决定。

确认当前提供的价格已经是最佳报价，但同时展现出愿意进一步帮助的态度。

如果有额外的优惠活动或促销方案，可以主动提出并应用这些优惠。

保持积极的态度，即使无法提供更多的折扣，也要确保客户感知到企业对他们这单业务的重视。

客户说，超出了我的资金预算

【情境分析】

客户可能在评估不同选项时，发现总成本超出了他们的财务预算计划。

客户可能在寻求减少成本的方法，以应对他们的预算限制。

客户可能希望企业能提供灵活的定价策略或支付方案。

【客户提问】

客户可能会问："我很喜欢你们的产品，但我的预算超了，怎么办？"

新手话术

我们理解预算限制的重要性。让我们探讨一下可能的解决方案，看看是否有办法调整我们的服务或产品配置，以满足您的预算。

销冠话术

预算是决策过程中的关键因素。我们可以一起看看不同的选项，比如选择不同的产品配置、延长付款期限或提供分期付款方案，以帮助您在保证质量的前提下，满足预算。

【回复策略】

告知客户，企业理解并尊重他们的预算限制。

提供灵活的解决方案，如调整产品配置、提供分期付款或寻找成本效益更高的选项。

强调企业愿意与客户合作，并找到满足他们需求的方法。

保持专业态度，确保客户知晓企业在尽力帮助他们解决预算问题。

客户说，目前有没有折扣或促销活动

【情境分析】

客户可能在寻找节省开支的机会，对特价商品或促销活动感兴趣。

客户可能在比较不同品牌或商家的优惠，以获取性价比最高的交易。

客户可能对特定时间段的促销活动有所了解，希望确认企业是否参与。

【客户提问】

客户可能会问："你们现在有没有折扣或促销活动？"

新手话术

我们可以提供一些折扣和促销活动，具体内容取决于产品和时间。我可以帮您查看当前有哪些活动。

销冠话术

我们经常推出各种吸引客户的折扣和促销活动。目前，我们有……（具体活动名称），提供……（具体优惠内容）。这些活动只在有限的时间内有效，非常值得抓住机会。

【回复策略】

及时向客户介绍当前有效的折扣和促销活动，包括活动的具体内容和期限。

提供一些额外的优惠或定制的促销方案，以增强客户的购买意愿。

鼓励客户抓住时机进行购买，同时向客户表明企业愿意为其提供额外的信息或帮助。

保持积极和热情的态度，让客户感受到企业对他们这单业务的重视。

客户说，是否有分期付款的选项

【情境分析】

客户可能因为预算限制而需要进行分期支付以减轻经济压力。

客户可能对产品感兴趣，但希望避免一次性支付大额款项。

客户可能在寻找提供分期付款服务的供应商，以便更好地管理自己的财务。

【客户提问】

客户可能会问：“购买你们的产品时，我可以选择分期付款吗？”

新手话术

我们提供分期付款服务，您可以根据自己的需求选择不同的分期期数和支付计划。

销冠话术

我们理解客户可能需要更灵活的支付选项，因此我们确实提供分期付款服务。您可以根据自己的财务状况选择最合适的分期方案，享受无忧的购物体验。

【回复策略】

明确告知客户，企业有分期付款服务，并强调其灵活性和便利性。

提供分期付款的具体信息，如分期期数、利率或手续费等。鼓励客户根据自己的需求选择最合适的分期方案。

保持积极的态度，确保客户知道企业愿意提供帮助，并使购买过程更加轻松。

客户说，如果我签订长期合同，能否获得更优惠的价格

【情境分析】

客户可能在评估长期合作的财务影响，希望降低长期成本。

客户可能在比较不同供应商的长期合作条件，以确定最有利的合作方案。

客户可能对长期合作的灵活性和价格保障感兴趣。

【客户提问】

客户可能会问："如果我们签订长期合同，你们能否提供更优惠的价格？"

新手话术

当然可以了，长期合同通常会带来价格上的优惠，这是肯定的。

销冠话术

我们非常看重长期合作关系，因此我们确实为签订长期合同的客户提供更具竞争力的价格。这不仅包括价格优惠，还涵盖其他增值服务。我可以为您提供具体的报价和条款信息，以便您作出高效决策。

【回复策略】

明确告知客户长期合作能够带来价格上的优势和其他潜在的好处，并提供具体的优惠细节，如价格折扣、支付条款的灵活性等。

强调长期合作的长远价值，包括更优质的服务、更高的优先级和更强的稳定性。

秉持诚信和透明原则，确保客户对长期合同的条款和条件有充分的了解。

客户说，批量购买有什么优惠

【情境分析】

客户可能在考虑大批量采购产品，并希望了解是否存在与采购数量相关联的价格优惠。

【客户提问】

客户可能会问："如果进行批量购买，你们能提供什么优惠？"

新手话术

我们为批量购买的客户提供特别优惠。根据您购买的数量，我们可以提供不同程度的价格折扣。

销冠话术

我们非常鼓励顾客批量购买，为此我们有一套灵活的折扣体系。例如，在一些软件上，可以使用"批量购买折扣"功能，为购买多种商品的买家提供分层折扣，这不仅能激励买家购买更多商品，同时也能帮助卖家节省物流成本。

【回复策略】

告知客户，企业有针对批量购买的优惠政策，强调批量购买能为客户降低成本，并鼓励客户进行大宗采购。

如果企业有具体的批量购买折扣标准或案例，应该详细介绍给客户，如某些软件上的批量购买折扣设置方法。

保持积极热情的态度，即使客户还在考虑当中，也要让他们知晓企业愿意为其提供定制化的优惠方案。

客户说，这个报价的有效期是多久

【情境分析】

客户可能在评估市场的价格波动，希望了解报价在多长时间内是有效的。

客户可能在规划他们的预算和采购时间表，需要知道报价的有效期。

客户可能在比较不同供应商的报价，需要了解报价在短期内是否会变动。

【客户提问】

客户可能会问："这个报价的有效期是多久？"

新手话术

我们的报价通常在一定时间内有效，具体时长会根据市场情况和我们的定价政策而定。

销冠话术

我们提供的报价在具体时间（如30天或60天）内是有效的。在此期间，您可以放心地权衡您的决策，不必担心价格变动。

【回复策略】

向客户清晰地说明报价的有效期限，以及这一期限是基于哪些因素确定的。如果报价有效期受特定条件影响，如市场波动或促销活动，应提前告知客户。

秉持透明和诚信原则，确保客户知道报价的有效期限，避免未来可能出现的误解。

客户说，价格是否会在短期内变动

【情境分析】

客户可能在考虑购买时机或是对预算进行规划。

【客户提问】

客户可能会问："我正在考虑购买，但担心价格会有变化。请问近期内价格会有所调整吗？"

新手话术

我们的价格通常保持稳定，除非市场条件或成本发生显著变化。

销冠话术

我们致力于为客户提供最稳定的价格。虽然市场条件可能影响价格，但我们确保您能够以合理价格购买我们的产品。同时，我们也会及时通知客户任何潜在的价格变动信息，以便您作出明智的决策。

【回复策略】

向客户清晰阐明影响价格的因素，以及企业如何控制价格波动。

依据市场分析，提供关于价格趋势的见解，帮助客户理解价格可能出现的变动情况。

告知客户，价格变动可能受市场供需、成本变化、政策调控等多种因素影响。

承诺在价格有变动时及时通知客户，并帮助他们把握购买时机。

客户说，价格再便宜点就好了

【情境分析】

客户可能认为价格超出了他们的预算范围。

客户可能在对比不同供应商的报价，寻找最具成本效益的选项。

客户可能希望确认他们是否获得了最优惠的价格。

【客户提问】

客户可能会说："我很喜欢你们的产品，但是价格再便宜点就好了。"

新手话术

我们的价格已经综合了质量和服务的价值。不过，我可以帮您查下是否有现行的促销活动或折扣优惠可以参加。

销冠话术

我深知预算的重要性。让我们探讨一下您的具体需求，看看是否有灵活的方案或不同的服务层次，能够符合您的预算范围。

【回复策略】

保持开放的沟通，了解客户的预算限制，并积极探索可能的解决方案。

强调产品或服务的核心价值，解释为什么当前的定价是合理的。

提供替代方案或灵活的服务选项，以满足不同预算的需求。

秉持诚实和透明的原则。如果无法降价，清楚地说明原因，并再次强调客户将获得的价值。

第六章

促成交易：临门一脚别马虎

客户说，产品有什么样的保障或保修

【情境分析】

客户可能在寻找产品的质量保障和售后服务的相关信息，以确保所购产品具备可靠的质量保障和问题解决方案。

【客户提问】

客户可能会问："你们的产品提供哪些保障或保修服务？"

新手话术

我们的产品提供标准的保修服务，包括在一定期限内对产品质量问题进行免费维修或更换。

销冠话术

我们对产品的质量充满信心，并提供全面的保修服务政策。除了标准的保修服务外，我们还提供额外的技术支持和客户服务，确保您在使用产品过程中的任何问题都能得到及时解决。

【回复策略】

向客户明确告知产品的保修期限和保修范围内的服务内容。

如果有额外的服务或优惠，如延长保修或增值服务，应主动告知客户。

强调企业对产品质量的承诺和对客户满意度的重视。

保持信息的透明和一致性，确保客户对购买决策感到放心。

客户说，购买产品后，你们提供哪些服务

【情境分析】

客户可能对购买产品后的技术支持、维护服务或客户关怀服务感兴趣。

这可能表明客户希望了解企业是否提供持续的客户支持和增值服务。

客户可能正在评估不同供应商的服务水平，以确定哪个更符合他们的需求。

【客户提问】

客户可能会问：“购买你们的产品后，我们会得到哪些服务？”

新手话术

购买我们的产品后，您将享受到基本的客户支持服务，包括产品安装指导、常见问题解答和产品的定期维护。

销冠话术

我们提供全面的客户服务套餐。自产品交付开始，您将获得个性化的安装和使用培训、全天候的技术支持、定期的产品维护保养与升级服务，以及专属的客户经理，以确保您的需求都能得到满足。

【回复策略】

向客户清晰地介绍购买后的服务内容，包括服务的类型、频率和持续时间。

强调企业提供持续的客户支持的承诺，以及对客户满意度的重视。

如果有特色服务或定制服务，应该突出介绍，以区别于竞争对手。

保持积极热情的态度，确保客户知晓他们在整个购买和使用过程中都能得到帮助。

客户说，如何解决售后可能出现的问题

【情境分析】

客户可能对产品或服务的潜在问题有所顾虑，希望了解企业的解决方案和流程。

这可能表明客户想要了解企业的客户服务能力和响应速度。

客户可能在评估企业在问题发生时能够提供的支持和资源。

【客户提问】

客户可能会问："如果遇到问题，你们怎么解决？"

新手话术

我们有一套完善的售后服务体系。如果遇到任何问题，您可以通过我们的客户服务渠道联系我们，我们会尽快响应并提供解决方案。

销冠话术

我们理解问题的出现可能会给您带来不便，因此我们建立了多渠道、快速响应的客户支持系统。无论是通过电话、电子邮件还是在线咨询，我们都有专业的技术支持团队随时准备帮助您解决问题。

【回复策略】

告知客户，企业有一套成熟应对问题和解决问题的流程。

强调企业对客户体验的重视，以及在遇到问题时提供快速且有效支持的决心。

保持积极热情的态度，即使面对潜在的问题，也要展现出企业勇于承担责任并积极提供帮助的意愿。

客户说，合同中有哪些重要条款

【情境分析】

客户可能对合同的法律效力、责任划分、服务标准或支付条款等方面感兴趣。

这表明客户希望确保合同能够契合他们的期望，并保护他们的权益。

客户可能在对比不同供应商的合同条款，以确定哪个更符合他们的需求。

【客户提问】

客户可能会问："在合同中，有哪些条款是我们必须特别注意的？"

新手话术

合同中包括了价格条款、交付时间、付款条件、质量标准、违约责任等重要内容，这些都是构成合同的基本要素。

销冠话术

合同中的每项条款都是为了确保双方的合作顺利进行而设立的。除了标准的条款外，我们尤其重视那些直接关系到您利益的条款，如服务保障、风险分担，以及争议解决机制。我可以为您详细解释这些关键条款。

【回复策略】

向客户清晰地介绍合同中的关键条款，并解释如何维护双方的利益。

强调企业秉持透明原则，愿意就合同条款进行开放讨论，并根据客户的实际需求进行合理的调整。

秉持专业和诚信的原则，确保客户对合同内容有全面而深入了解，并建立起对合同的信任。

客户说，如果产品不符合预期，我有哪些选项

【情境分析】

客户可能因为产品未能满足他们的期望或需求而感到不满。这可能是由于产品性能、功能或其他特性与客户的预期有所偏差。

【客户提问】

客户可能会问："如果产品不符合我的预期，我有哪些选项？"

新手话术

我们理解产品满足预期的重要性。如果产品不符合您的预期，我们可以提供退换货服务，或者根据具体情况提供必要的维修或调整。

销冠话术

我们始终致力于确保客户满意。如果产品未能符合您的预期，我们有多种解决方案，包括但不限于产品更换、全额退款，或提供额外的补偿措施。我们将与您一起，共同寻找适合您的解决方案。

【回复策略】

明确告知客户，企业有一套成熟的应对机制，专门解决产品不符合预期的问题。

强调企业对客户满意度的承诺，并愿意采取必要的行动来纠正问题。

提供多种具体的解决方案供客户选择，并与客户合作，共同找到最能满足他们需求的解决方案。

在沟通时，保持高度的透明度和专业性，确保客户知道他们的问题能够得到妥善处理。

客户说，我需要考虑哪些风险

【情境分析】

客户可能对合作中潜在的不确定性和可能遭受的损失有所担忧。他们可能需要了解合同条款中关于风险分担、违约责任、质量保障等方面的具体规定。

【客户提问】

客户可能会问："在和你们合作的过程中，有哪些风险是我需要考虑的？"

新手话术

在任何商业合作中，都存在一些常见的风险，如质量不符合预期、交付延迟、市场变化等。我们的合同中会有相应的条款来降低这些风险。

销冠话术

我们理解风险管理的重要性。在合同中，我们已经明确了风险分担和违约责任条款，确保双方的权益得到保护。此外，我们还会提供详细的产品说明和质量保证措施，以减少潜在风险。

【回复策略】

向客户清晰地介绍合同中的风险分担和违约责任相关条款，帮助他们了解在合作过程中可能遇到的问题及其解决方案。

强调企业对质量控制的重视，以及为降低风险所采取的预防措施。

秉持透明和诚信原则，确保客户充分了解合作中可能面临的风险和企业的相应应对策略。

客户说，其他客户对这个产品的评价如何

【情境分析】

客户可能在寻求市场上其他用户的真实体验和反馈，以此来评估产品的性能和可靠性。

【客户提问】

客户可能会问："其他客户对你们的产品有什么评价？"

新手话术

我们收到了许多客户的积极反馈，他们普遍认为我们的产品性能稳定，服务质量好。

销冠话术

我们非常重视客户的使用体验。根据收集到的客户反馈，绝大多数客户对我们的产品感到满意，并认为我们的产品性价比高，使用起来便捷高效。

【回复策略】

向客户展示真实的用户评价和反馈，可以通过在线评论、案例研究或客户推荐信等形式进行。

强调产品的优点和市场上的良好口碑，但必须避免夸大其词。

提供具体的用户评价实例或数据支持，如满意度调查结果或净推荐值（NPS）。

保持信息透明。如果产品存在任何普遍的问题或缺点，应该诚实地与客户沟通，并说明企业是如何改进的。

客户说，你们有客户推荐或案例研究吗

【情境分析】

客户可能在寻找企业产品或服务成功应用的案例，以此来评估企业的专业能力和市场信誉。

客户可能希望通过第三方的使用体验来增强自己的信心。

【客户提问】

客户可能会问："你们有没有客户的推荐或者案例研究可以提供给我们参考？"

新手话术

我们确实有一些客户的推荐信和案例研究，这些都可以证明我们产品的有效性和市场表现。

销冠话术

我们很自豪能够与我们的客户建立长期的合作关系。我可以分享一些客户的推荐和详细的案例研究，这些资料将展示我们的产品如何在不同场景中成功应用，并为客户带来了实际的效益。

【回复策略】

向客户展示真实的客户推荐和案例研究，这可以作为企业服务和产品质量的有力证明。

秉持透明和开放态度，即使客户需要时间来考虑或与团队展开讨论，也要让他们知晓企业随时准备为其提供更多信息。

客户说，能否再次演示产品的关键功能

【情境分析】

客户可能在初次演示后仍对某些功能存有疑问或未能完全理解。

客户可能需要更详细的信息来评估产品是否满足其特定需求。

客户可能希望看到产品功能在实际使用场景中的应用。

【客户提问】

客户可能会问："你能不能再为我们演示一次产品的关键功能？"

新手话术

当然可以，我很乐意再次为您展示产品的关键功能。

销冠话术

我完全理解您希望更全面地了解产品。我可以安排一次专门的演示，重点介绍您感兴趣的关键功能，并解答您的任何疑问。

【回复策略】

确认可以满足客户的请求，并展现出企业愿意为其提供额外帮助的意愿。

根据客户的反馈，准备针对性的演示内容，确保覆盖客户关心的所有关键点。

提供明确的演示安排，包括时间、方式和参与人员等信息，确保客户能够便捷地参与。

在演示过程中，鼓励客户提问和参与互动，以增强他们对产品功能的理解和记忆。

客户说，我能否定制产品以满足特定需求

【情境分析】

客户可能对标准化产品无法完全满足其特定需求或偏好表示担忧。

客户可能在寻找能够提供定制化解决方案的企业。

【客户提问】

客户可能会问："我能否定制产品以满足我的特定需求？"

新手话术

我们可以提供定制服务，以确保产品能够满足您的个性化需求。请您提供具体的要求。

销冠话术

我们理解每位客户都有独特的需求。请告诉我，您的具体需求，我们的团队将与您合作，确保定制的产品能够完美符合您的期望。

【回复策略】

告知客户，企业有能力提供定制化服务，并邀请客户提供详细的需求描述。

展示企业在定制服务方面的专业性和成功案例，以增强客户信心。

保持沟通的开放性，鼓励客户提出问题和反馈，以便更好地进行定制化服务。

在回复客户时，要确保你的回答能够体现出企业对客户需求的重视和对定制服务的专业承诺。通过提供个性化解决方案，促成交易或建立长期合作关系。

客户说，定制是否会影响成交价格或交付时间

【情境分析】

定制产品涉及额外的设计和生产成本，可能导致价格上升。

定制化需求可能延长生产周期，影响交付时间。

客户需要平衡定制服务的提供与成本效益和交付效率之间的关系。

【客户提问】

客户可能会问："定制服务会让产品更贵或等待时间更长吗？"

新手话术

定制服务会根据定制的复杂性和材料成本相应地调整价格，并可能影响交付时间。

销冠话术

我们理解您对价格和时间的关切。定制服务确实会根据具体需求调整价格和交付时间，但我们会努力优化流程，以确保这些影响最小化。

【回复策略】

向客户清晰地说明定制服务对价格和交付时间产生的影响。

强调企业在提供定制服务时，会采取措施来控制成本并加快交付速度。

提供具体的实例或案例来展示企业如何成功地管理定制订单。

秉持透明和诚实的原则。如果定制服务确实需要额外时间和成本，应该提前告知客户。

第七章

售后服务：千万不可当儿戏

客户说，产品在保修期内出现问题，维修需要多长时间

【情境分析】

客户可能对保修期内维修的流程、时间及服务质量有所关注。

客户可能担心维修服务会影响他们的正常使用。

【客户提问】

客户可能会问：“产品在保修期内出现问题，维修需要多长时间？”

新手话术

我们会尽快处理您的维修请求。具体的维修时间会根据产品的具体问题和所需配件的可用性而定。

销冠话术

我们理解您对维修时间的关注。一旦收到产品，我们将立即进行判断，并根据问题的复杂性提供预计的维修时间。我们会尽力缩短维修时间，减少对您造成的影响。

【回复策略】

告知客户，企业会迅速响应维修需求，并提供预计的维修时间。随后会立即提供快速判断和维修服务，以提高客户满意度。

在维修过程中持续与客户沟通，及时更新维修的进展情况。

维修完成后，确保产品达到企业的质量标准，并提供必要的测试和检查，以确保问题已解决。

客户说，维修服务是否需要支付额外费用

【情境分析】

客户可能对产品保修条款和维修费用存在疑问。

客户可能在评估维修成本，以决定是选择维修还是更换新产品。

客户可能需要了解在保修期内和保修期外维修服务的费用差异。

【客户提问】

客户可能会问："如果需要维修服务，我需要支付额外费用吗？"

新手话术

如果您的产品在保修期内并且问题在保修范围内，维修是免费的。如果产品问题不在保修范围内，可能需要收取一定的费用。

销冠话术

我们提供全面的保修服务，覆盖制造缺陷。如果产品问题符合我们的保修条款，您不需要支付额外费用。如果是由于其他原因导致的问题或超出保修期，我们将会提前告知您可能产生的维修费用，并在您同意后进行维修。

【回复策略】

向客户清晰地说明保修政策和维修费用的相关规定。

如果需要收费，提前明确告知客户可能产生的费用，避免后期的矛盾和误解。

秉持诚信和透明的原则，确保客户对维修流程和费用有充分的了解。

客户说，如果需要更换配件，我应该怎么做

【情境分析】

客户可能面临产品故障或性能下降，需要更换配件以恢复正常使用。

客户可能对更换配件的流程不熟悉，需要指导。

客户可能关心更换配件的成本及所需时间。

【客户提问】

客户可能会问："如果我发现设备需要更换配件，我应该怎么做？"

新手话术

如果您的设备需要更换配件，请与我们的客户服务部门联系，我们将指导您完成更换流程。

销冠话术

更换配件是一个简单的过程。您只需要联系我们的客户服务，并提供设备型号和故障描述，我们的技术支持团队将评估您的需求，并为您提供更换配件的具体操作流程和可能的费用预估。

【回复策略】

向客户提供清晰的指导，让他们知道如何联系客户服务以及需要提供哪些必要信息。

提供一个简单的故障诊断指南，帮助客户判定是否真的需要更换配件。

强调客户服务的便利性和专业性，让客户感到在更换配件过程中会得到充分的支持。

客户说，产品需要定期更新吗

【情境分析】

客户可能想知道产品是否需要持续的技术支持和软件更新以保持最佳性能。

客户可能在考虑长期拥有成本，包括可能产生的更新和维护费用。

客户可能对产品能否适应未来技术变化或需求变更有所顾虑。

【客户提问】

客户可能会问："我们购买的产品是否需要定期更新？"

新手话术

这取决于产品类型。有些产品需要定期更新以获得最新功能和安全补丁。

销冠话术

我们设计产品时就考虑了长期的可用性和兼容性。对于需要定期更新的产品，我们会提供清晰的更新计划和指导，确保产品的先进性和安全性。

【回复策略】

告知客户，产品在设计时已经考虑了未来的升级和更新需求。

应提供关于产品更新周期、更新内容和更新过程的信息。强调企业对客户长期服务支持的承诺，包括提供更新和技术支持。

秉持信息透明的原则。如果定期更新涉及额外费用，应提前告知客户。

客户说，我该如何维护产品以延长其使用寿命

【情境分析】

客户可能对产品的日常保养和维护程序不太了解。

客户可能关心产品长期运行的稳定性和效率。

客户可能希望通过正确的维护方法来降低维修成本和延长产品的更换周期。

【客户提问】

客户可能会问："为了延长产品的使用寿命，我应该如何进行维护？"

新手话术

为了确保产品的长期性能和延长使用寿命，我们建议按照产品手册中的维护指南进行定期检查和保养。

销冠话术

延长产品使用寿命的关键在于正确的维护。我可以为您提供一些简单的日常维护技巧，以及何时需要专业维护的建议。此外，我们提供定期的维护服务，可以帮助您维持产品的最佳运行状态。

【回复策略】

向客户提供具体的维护和保养建议，包括清洁、检查和必要的调整。

如果有维护计划或服务，向客户介绍这些服务如何帮助他们维护产品。

告知定期维护的重要性，以及如何帮助客户预防未来的故障和降低长期成本的维护方法。

保持信息的透明，确保客户知道如何轻松地维护他们的产品。

客户说，如果产品不符合我的期望，我可以退换吗

【情境分析】

客户可能对产品的性能、功能或质量有特定的期望。

客户可能在评估购买风险，希望了解不满意产品时的解决方案。

客户可能想要了解企业的退换货政策和具体流程。

【客户提问】

客户可能会问："如果我对产品不满意，可以退货或换货吗？"

新手话术

我们的退换货政策是根据产品情况和购买条款来决定的。如果产品存在质量问题或与描述不符，我们可以提供退换服务。

销冠话术

我们非常重视客户的满意度，如果产品未能达到您的期望，我们会尽力提供帮助。请告诉我具体的问题，我们会根据您的情况和我们的退换货政策，为您提供合适的解决方案。

【回复策略】

告知客户，企业有明确的退换货政策，并愿意为其按实际情况提供帮助。

鼓励客户提供具体的信息，以便更准确地评估和解决问题。

如果退换货需要满足特定条件，应提前告知客户，避免造成误解。

保持积极热情的态度，即使客户不满意，也要确保他们知晓企业愿意采取措施来解决问题。

客户说，如果有新产品发布，我是否可以升级

【情境分析】

客户可能对现有产品的升级选项或新产品的特性有所期待。

客户可能在考虑长期投资价值，以及产品升级对他们的潜在好处。

客户可能需要了解企业对于产品升级的政策和流程。

【客户提问】

客户可能会问："将来如果有新产品发布，我们是否可以升级现有产品？"

新手话术

我们会根据产品的不同情况和升级政策来确定是否可以升级。通常，我们会提供升级选项给客户，但具体细节可能会有所不同。

销冠话术

我们始终致力于为客户提供最新和最好的技术。对于新产品的发布，我们有明确的升级路径和政策，确保我们的客户能够享受到最新产品带来的优势。具体升级流程和条件，我可以为您提供详细信息。

【回复策略】

告知客户，企业有明确的产品升级政策，并愿意为其提供必要的信息。

如果有升级计划或特殊优惠，应该提前告知客户，以增加他们对新产品的兴趣。

保持沟通的透明度，确保客户了解产品升级的条件和可能涉及的费用。

客户说，你们在哪些地区提供服务

【情境分析】

客户可能在寻找特定地区的服务可用性，以确保他们能够得到所需的支持。

客户可能在考虑物流、服务响应时间，或者地区间可能存在的服务差异。

客户可能对企业的全球或本地服务能力感兴趣，以评估企业的实力和服务覆盖范围。

【客户提问】

客户可能会问："你们在哪些地区提供服务？"

新手话术

我们在多个地区提供服务，包括主要城市和一些特定的农村地区。

销冠话术

我们的服务覆盖范围广泛，包括国内外的主要市场。具体来说，我们在国内的多数省份以及海外的N个国家都有分支机构或合作伙伴。如果您需要，我可以提供更详细的服务地点列表。

【回复策略】

向客户清晰地说明服务的地理覆盖范围，包括主要的服务地区或国家。

如果服务地点众多，可以提供在线资源或文档，让客户能够方便地查找特定地区的服务详情。

强调企业对不同地区客户需求的理解和承诺，展示企业服务的灵活性和适应性。

客户说，我搬家的话，怎么办

【情境分析】

客户可能需要将产品或服务从一个地点迁移到另一个地点。

客户可能在寻找搬家时如何保持服务不中断的解决方案。

客户可能对搬家过程中可能产生的费用或服务条款有疑问。

【客户提问】

客户可能会问：“如果我搬家了，我应该怎么做？”

新手话术

搬家时，您可以联系我们的客户服务部门，我们会为您提供必要的支持和指导。

销冠话术

搬家是大事，我们会确保我们的服务能够顺利跟随您到新家。请告知我们新的地址和其他任何特殊需求，我们将提供详细的搬迁指南和可能需要的协助。

【回复策略】

告知客户，企业会为客户提供搬家时所需的产品支持和服务。

如果有特定的搬迁服务或政策，向客户介绍这些信息，并告知如何操作。

鼓励客户提供新地址和联系方式，确保客户知道企业愿意帮助他们顺利完成搬家过程，以确保服务的连续性。

客户说，如果你离职了，我们该怎么办

【情境分析】

客户可能担心你的离职会影响他们得到的服务承诺或正在进行的项目。

客户可能在考虑业务关系在人员变动时如何保持稳定。

客户可能需要了解企业在人员变动时的应对策略和交接流程。

【客户提问】

客户可能会问："如果你离职了，我们的合作关系怎么办？如果负责产品的员工离职了，我们该怎么办？"

新手话术

即使发生人员变动，我们的服务承诺不会改变。我们有完善的交接流程和团队支持，确保服务的连续性。

销冠话术

我们理解人员变动可能带来的担忧。请放心，我们企业有强大的团队和标准化的交接程序，确保无论是否发生个别员工的变动，您都能持续享受同样高标准的服务。

【回复策略】

告知客户，企业有预案流程来妥善处理人员变动，以确保客户服务不受影响。

强调企业对客户关系的重视。介绍企业的客户关系管理系统或关键人员备份计划，以及为维护这些关系所采取的措施。

秉持透明和诚信的原则，确保客户充分了解企业是如何保障业务连续性和服务稳定性的。

客户说，后期我对服务不满意了，怎么办

【情境分析】

客户可能对产品或服务的长期性表现有疑虑。

客户可能在考虑如果对服务不满意，企业会如何应对。

客户可能想要了解企业处理投诉的具体流程和方式。

【客户提问】

客户可能会问：“如果将来我对产品或服务不满意，我该怎么办？”

新手话术

如果您有任何不满意，可以直接联系我们的客户服务部门，我们会尽快解决您的问题。

销冠话术

我们承诺提供高质量的产品和服务，并已设有专门的客户反馈渠道。如果您不满意，我们鼓励您及时告知我们，这样我们就可以立即采取行动，提供相应的解决方案或调整服务以满足您的需求。

【回复策略】

告知客户，企业有明确的反馈和投诉处理流程。

鼓励客户在遇到问题时及时沟通，以便企业能够迅速应对。

展示企业愿意采取行动来解决问题，并致力于提高客户满意度的决心。

保持积极热情的态度，即使客户表达不满，也要确保他们知晓企业重视他们的意见，并愿意采取措施来改善情况。

客户说，我们老板觉得产品不好，需要退货

【情境分析】

客户的决策者可能对产品的性能、质量或其他方面不满意。

客户可能在寻求无忧的退货流程，以维护其利益。

【客户提问】

客户可能会说：“我们老板对产品不满意，现在我们想要退货。”

新手话术

我们很抱歉听到您的老板不满意产品的反馈。请告诉我具体的问题，我们会根据我们的退货政策来处理您的退货请求。

销冠话术

我们非常重视客户的满意度。如果产品未能满足您老板的期望，请告诉我们具体的问题点，我们会尽力解决。如果退货是您的首选，我们将提供一个简单快捷的退货流程（或：抱歉，按照合约，您目前无法退货，不过您是否可以安排我们和您老板对接一下）。

【回复策略】

表达出对客户不满意的歉意，并表现出愿意解决问题的态度。

询问具体的问题细节，以便更好地理解客户不满意的原因，并探讨可能的解决方案。

如果退货是必要的，清晰地告知退货流程，确保客户知道如何进行退货。

客户说，你们的服务不值这个价格

【情境分析】

客户可能觉得服务成果没有达到他们的预期或需求。

客户可能在对比不同供应商的服务后，认为性价比不高。

这可能是由于沟通不充分或对服务内容存在误解。

【客户提问】

客户可能会说："我觉得你们的服务不值这个价。"

新手话术

我们非常抱歉听到您对服务的不满。我们的定价是基于提供高质量服务的承诺。请告诉我具体哪些方面您觉得不满意，我们会尽力改进。

销冠话术

我们始终致力于提供最高标准的服务。如果有任何未达到您期望的地方，请详细说明，我们会认真考虑您的反馈，并探讨如何改进我们的服务，以符合您的期望。

【回复策略】

认真听取客户的反馈，并表达出愿意改进服务的决心。

询问客户具体不满意的方面，以便能够有针对性地解决问题。

告知客户，企业对服务质量以及对客户满意度非常重视，可以提供补救措施或额外的服务来满足客户的需求。

第八章

和谐催款，完成交易

客户说，我过段时间再付尾款

【情境分析】

客户可能由于资金流动性问题或预算限制，需要时间来准备尾款。

客户可能需要根据合同规定或项目进度来安排付款事宜。

客户可能在寻求更灵活的付款条件或延期付款的选项。

【客户提问】

客户可能会问：“我现在无法支付尾款，可以过段时间再付吗？”

新手话术

我们理解付款可能需要一些时间。请告诉我，您希望延期的具体时间，我们会尽力配合您的计划。

销冠话术

我们很高兴您对我们的产品或服务感到满意。为确保您在合适的时间支付尾款，我们商议一个适合双方的延期付款计划，以保证交易的顺利进行。

【回复策略】

告知客户，企业愿意提供灵活的付款选项，并尊重客户的资金安排。

与客户讨论并确定一个明确的延期付款时间表，以避免日后产生误解。

提供多种付款计划或条件，以满足客户的特定需求。

保持专业和诚信的态度，确保客户知道企业理解他们的需求，并愿意为其提供帮助。

客户说，我还没收到上家的货款呢

【情境分析】

客户可能处于供应链中的一环，其支付能力取决于上游客户的支付情况。

客户可能面临短期的现金流问题，需要等待资金到账后才能继续交易。

客户可能在寻求理解，以应对当前的财务状况。

【客户提问】

客户可能会说："我还没收到上家的货款，所以现在我没钱付款。"

新手话术

我们理解资金流动性对业务的重要性。如果您需要更多时间等待上家的款项，请告知我们预期的时间表，我们会尽力配合。

销冠话术

资金流动性是公司运营的关键。我们愿意与您合作，找到适合双方的解决方案。请您提供预计收到上家款项的时间，我们可以在此期间为您保留订单或服务。

【回复策略】

向客户表明，企业对资金流动性难题的深刻理解，并愿意提供灵活的支付条件。

鼓励客户提供预期的时间表，以便企业能够相应地调整期望和计划。

与客户探讨不同的支付安排或信用条款，以帮助客户解决短期资金问题。

表示理解，确保客户知晓企业愿意帮助他们渡过暂时的财务困难。

客户说，公司还在走付款流程

【情境分析】

客户需要遵循公司的财务规定和程序，这可能涉及多个部门的审批流程。

客户可能正在等待内部预算的审批或资金的调拨。

客户可能需要时间来完成合同审查、采购订单的生成或其他必要的文档工作。

【客户提问】

客户可能会说："我们公司还在走付款流程，所以现在还无法付款。"

新手话术

我理解公司流程可能需要一些时间。如果您能提供预计的完成时间，我们会据此作出相应安排。

销冠话术

公司的付款流程确实需要时间来完成。请随时告知我们流程的进展情况，我们会根据您的时间表作出安排。同时，如果你们有任何文件或信息可以提供，以协助加速付款流程的，请随时告知我们。

【回复策略】

告知客户，企业理解并尊重他们的内部流程。

提供灵活的付款方式，允许客户在流程完成后进行支付。

保持沟通渠道的畅通，以便客户在流程有更新时能够及时告知。

保持专业和友好的态度，确保客户知道企业愿意配合他们的流程进行相关工作。

客户说，催什么催，就一点钱而已

【情境分析】

客户可能觉得款项不大，不值得频繁催促。

客户可能因为频繁的催款而感到压力或烦恼。

客户可能需要更多的时间来安排付款，即使金额不大。

【客户提问】

客户可能会说："催什么催，就一点钱而已。"

新手话术

我们为催促给您带来的不便表示歉意。我们只是想确保所有财务事项都能及时处理。

销冠话术

我们理解这笔款项可能看起来不多，但我们的催款是为了维护双方良好的财务记录和合作关系。我们将立即调整催款频率，以确保不会给您带来任何不便。

【回复策略】

向客户表明企业重视他们的感受，并愿意调整催款策略。

强调企业对财务流程的严谨态度，即使金额不大，也力求确保双方的账目清晰明了。

在沟通过程中，避免给客户施加压力，而是营造一个更加宽松友好的付款环境。

客户说，我们现在账上没钱

【情境分析】

客户可能因为暂时的现金流问题而无法进行支付。

这种情况可能源于客户的支付周期安排、预算限制或其他财务问题。

客户可能在寻求灵活的支付条件，以应对当前的财务状况。

【客户提问】

客户可能会说："我们现在账上没钱，所以没钱付款。"

新手话术

我们理解资金流动性对公司运营的重要性。如果您目前面临资金问题，请告知我们预计的解决时间，我们这边也好做安排。

销冠话术

资金流动性问题是很多公司都会遇到的情况。我们可以一起探讨可能的解决方案，例如延期付款或分期付款计划。请您提供预计的财务状况改善时间，我们会尽量配合您的需要。

【回复策略】

向客户表明企业理解并尊重他们的财务状况，愿意提供灵活的支付选项。

鼓励客户提供预计的支付时间表，以便企业能够据此调整期望和计划。

提供延期付款或分期付款计划或条件，以适应客户的特定需求。

客户说，我们都合作这么久了，会付款的

【情境分析】

客户可能在当前面临资金流动性问题，但希望利用长期的合作关系来获得更多的理解。

客户可能在寻求更多的时间来安排付款，而不是立即支付。

客户可能希望通过强调长期的合作关系来保证他们的信誉和承诺。

【客户提问】

客户可能会说："我们都合作这么久了，会付款的，你别急。"

新手话术

正因为合作久了，所以我们才更需要您尽快付款。

销冠话术

我们珍视与您的长期合作关系，并相信您的承诺。我们愿意在尊重我们的协议的同时，提供必要的灵活性。请您在方便的时候更新我们的付款计划。

【回复策略】

向客户表明企业珍视双方的长期合作，并愿意在可能的情况下提供灵活的合作方案。

在沟通过程中，避免给客户施加压力，同时确保双方的合同能够顺利履行。

如果需要，可以和客户讨论付款计划或时间表，以确保客户能够在保持合作关系的同时解决付款问题。

保持专业和友好的态度，确保客户知道企业理解他们的立场，并愿意配合他们的付款安排。

客户说，我能少付一点吗

【情境分析】

客户可能认为当前的价格超出了他们的预算，或者他们认为价格与产品或服务的价值不匹配。

客户可能在比较不同的供应商，希望找到更具成本效益的选项。

客户可能希望通过谈判获得更好的交易条件。

【客户提问】

客户可能会问："我能少付一点吗？"

新手话术

我们的价格是基于产品的成本和市场价值设定的。如果您有特殊情况，我们可以讨论其他的解决方案。

销冠话术

我们深知预算的重要性，并且我们希望您对我们的产品感到满意。让我们探讨一下是否有适合您预算的方案，例如调整产品配置或服务选项。

【回复策略】

向客户说明企业理解他们在预算方面的考量，并愿意深入探讨其他的解决方案。

如果条件允许，提供多样化产品或服务选项，以满足客户的预算需求。

强调企业对客户满意度的承诺，以及愿意提供个性化的服务来满足客户需求。

确保客户知道企业在尽力提供优质的产品或服务，同时始终将客户的利益放在首位。

客户说，问了财务，财务说等老板回来

【情境分析】

客户可能没有付款的最终决定权，需要等待老板的指示或批准。

客户可能在遵循公司的财务流程，这些流程要求在支付前获得高级管理层的同意。

客户可能在寻求确保付款符合其所在公司的预算安排和优先级。

【客户提问】

客户可能会说："我已经问过财务了，他们说要等老板回来再付款。"

新手话术

我们理解公司内部可能需要一定的审批流程。我们会耐心等待老板回来后作出决定。

销冠话术

我们完全尊重并理解贵公司的决策流程。在此期间，如果有任何文件或准备工作需要我们提供协助，请随时告知，以便我们确保付款流程顺利进行。

【回复策略】

向客户说明企业理解并尊重他们的内部决策流程。

提供帮助和支持，以便在其公司老板回来后能够迅速推进付款流程。

保持沟通渠道的畅通，以便客户在需要时能够及时取得联系。

保持专业的态度和耐心，确保客户知晓企业愿意配合他们的付款安排。

客户说，我们老板还没回复，我也没办法

【情境分析】

客户可能在等待老板作出指示或批准，才能继续进行交易或付款。

客户可能在没有获得老板回复的情况下无法作出决定。

客户可能在寻求理解或帮助，以解决当前的僵局。

【客户提问】

客户可能会说："我们老板还没回复，我也没办法。"

新手话术

我们理解您需要等待老板的回复。我们可以耐心等待，另外，是否有其他方式可以帮助加快决策过程？

销冠话术

这种情况确实会让人感到无奈。让我们探讨一下是否有其他途径可以联系到您的老板，或者我们可以提供哪些额外信息和帮助。

【回复策略】

向客户表明企业理解并尊重他们的决策流程。

鼓励客户寻找解决方案，如提供更新的信息或建议采取其他联系方式。

积极提供帮助和支持，并保持沟通渠道的畅通，直至对方老板给予回复。

客户说，再给我们一点时间，我们最近很艰难

【情境分析】

客户可能由于财务压力、市场变化等其他外部因素而遭遇挑战。

客户可能需要更多的时间来解决内部流程或资金调配问题。

客户可能在寻求企业的支持配合，以帮助他们渡过难关。

【客户提问】

客户可能会问："我们最近遇到了一些困难，你们能否再给我们一些时间来付款？"

新手话术

我们理解每个公司都可能遇到挑战。我们会考虑您的请求，并与您一起寻找解决方案。

销冠话术

我们愿意帮助我们的合作伙伴渡过难关。让我们探讨一下您的具体情况，以便制订一个符合双方利益的延期付款计划。

【回复策略】

向客户说明企业理解并同情他们目前的处境，并愿意提供帮助。

建议客户提供更多的细节，以便企业能够更好地理解其面临的问题并提供适当的支持。

与客户一起探讨解决方案，如延期付款、分期付款或其他灵活的方案。

保持友好的态度，确保客户知道企业愿意与他们合作，共同找到解决问题的方法。

客户说，可以下次一起付吗

【情境分析】

客户可能因为现金流问题或预算限制而寻求延期付款。

客户可能在考虑如何更有效地管理自己的财务状况。

客户可能希望通过集中支付来简化付款流程。

【客户提问】

客户可能会问："我可以这次不付款，下次一起付吗？"

新手话术

这怎么可以呢？当然不行。

销冠话术

我们理解有时客户需要更灵活的付款安排。让我们共同商议一下您的具体情况，看看是否可以制订一个符合双方利益的付款方案。

【回复策略】

向客户说明企业愿意考虑他们的请求，并共同探讨解决方案。

强调企业对客户满意度的重视，并愿意提供灵活的付款选项。

提供具体的付款方案或条件，以便客户能够清楚地作出他们的选择。

坚守诚信，确保客户知晓企业在尽力满足他们的需求，维持业务的可持续性。